AF322438

VILLE DE BAYEUX

RÈGLEMENT

FIXANT

l'Organisation des Services Municipaux

LE STATUT DU PERSONNEL

ET LES

DISPOSITIONS ANNEXES

aux Statuts du Personnel Municipal

ET CONCERNANT

le Service de l'Octroi

BAYEUX

IMPRIMERIE TYPOGRAPHIQUE COLAS, RUE ROYALE

1920

RÈGLEMENT

FIXANT

l'Organisation des Services Municipaux

ET LE STATUT DU PERSONNEL

Titre Ier

Organisation Générale

Article 1er. — Les services municipaux comprennent :

1° Le service du Secrétariat de la Mairie qui est placé sous la direction du Secrétaire en chef ;

2° Le service des bâtiments municipaux, de la voirie, des travaux, qui est placé sous la direction de l'architecte municipal ;

3° Le service de l'octroi qui est placé sous la direction du préposé en chef ;

4° Le service de la police qui est placé sous la direction du Commissaire de police ;

5° Et les services divers qui comprennent : la bibliothèque, l'enseignement, les musées, les jardins, la goutte de lait, la crèche, les abattoirs.

En ce qui concerne son organisation proprement dite, le service de l'octroi fait l'objet d'un règlement annexe.

Article 2. — Le personnel composant ces divers services sera divisé en deux catégories :

Première Catégorie : Personnel classé ou du cadre actif.

Deuxième Catégorie : Personnel non classé ou du cadre auxiliaire.

PREMIÈRE CATÉGORIE

Ce personnel est, dans l'ordre hiérarchique, le suivant :

Première Section
- 1 Secrétaire en Chef.
- 1 Architecte Municipal.
- 1 Receveur Municipal.
- 1 Préposé en Chef de l'Octroi.

Deuxième Section
- 2 Secrétaires de Mairie.
- 1 Brigadier de Police.

Troisième Section
- 1 Jardinier en chef.
- 1 Expéditionnaire.
- 3 Agents de Police.

Quatrième Section
- 2 Cantonniers.
- 1 Concierge à la Mairie.
- 1 Concierge au Cimetière de l'Ouest.
- 1 Gardien à l'Abattoir.

Section spéciale
- Employés d'Octroi.

DEUXIÈME CATÉGORIE

Ce personnel comprend des auxiliaires de toute sorte : professeurs, commis, employés, ouvriers à la journée, etc. et dont, en principe, le travail fourni à la ville ne constitue pas l'occupation principale, mais un accessoire.

Ce personnel est essentiellement variable. Il comprend actuellement :

Un ou deux inspecteurs vétérinaires chargés de la vérification des animaux et des viandes sur les marchés et des abattoirs.

Le Bibliothécaire.

Un professeur de dessin et de stéréotomie.

Un Chef de musique municipale.

Les professeurs de chant et de musique à l'école de musique, au collège et aux écoles primaires.

La gérante de la goutte de lait.

Les concierges et gardiens des différents établissements.

La femme de service de l'école maternelle.

Les ouvriers et jardiniers travaillant à la journée pour le compte de la ville.

Titre II

Recrutement — Classement — Avancement
Mutation — Suppression d'Emploi

Article 3. — Le recrutement du personnel aura lieu sur la nomination faite par le maire, conformément à l'article 88 de la loi du 5 Avril 1884, pour tous les emplois communaux pour lesquels les lois, décrets et ordonnances actuellement en vigueur, ne fixent pas un droit spécial de nomination au profit de l'autorité supérieure.

Pour les autres emplois, la nomination sera faite par l'autorité compétente.

Nul ne peut être admis aux emplois de la première catégorie s'il ne justifie : 1° qu'il est Français ; 2° de bonne vie et mœurs et qu'il n'a jamais subi de condamnation ; 3° qu'il a satisfait aux obligations de la loi sur le recrutement de l'armée ; 4° qu'il est âgé de moins de 35 ans au 1er Janvier de l'année d'admission.

Tout candidat aux emplois de la première catégorie devra en outre justifier, par un certificat médical, qu'il n'est atteint d'aucune maladie chronique ou contagieuse et qu'il est apte à remplir ses fonctions.

Article 4. — Les dispositions en ce qui concerne la limite d'âge ne s'appliquent pas aux employés de la première section.

Article 5. — Les demandes des candidats à un emploi seront classées et répondues par le Maire, en tenant compte du mérite, de la validité et de la moralité de chaque candidat.

Les candidats à ceux des emplois bénéficiant de la caisse municipale des retraites, devront pouvoir obtenir leur retraite à 65 ans pour les emplois de la première catégorie et la retraite proportionnelle, au même âge pour les emplois de la 2ᵐᵉ catégorie.

Article 6. — Sauf en ce qui concerne le personnel de l'octroi, le personnel de la première catégorie présentera dans chaque section le classement suivant :

Première Section	Quatrième Classe. Troisième Classe. Deuxième Classe. Première Classe. Hors Classe.
Deuxième, Troisième et Quatrième Sections	Stagiaire. Quatrième Classe. Troisième Classe. Deuxième Classe. Première Classe. Classe exceptionnelle. Hors Classe.

Tout candidat aux fonctions des 2ᵉ, 3ᵉ et 4ᵉ section nouvellement admis sera tenu à un stage d'une durée maxima de six mois. Il ne sera titularisé et admis à la 4ᵉ classe qu'après avoir donné entière satisfaction d'aptitude et de bonne conduite.

S'il ne donne pas satisfaction, il pourra être rayé du contrôle de l'administration et renvoyé à toute époque du stage, après un préavis d'un mois.

Les employés à titre définitif seront admis au bénéfice des dispositions sur les retraites.

Article 7. — L'avancement en classe du personnel compris dans la première catégorie aura lieu au choix et à l'ancienneté.

La classe exceptionnelle et la hors classe ne seront données qu'aux choix.

L'avancement à l'ancienneté s'opèrera automatiquement tous les cinq ans.

L'avancement au choix ne pourra avoir lieu qu'après une période révolue de 4 ans, dans la classe immédiatement inférieure.

Pour la première promotion, le stage sera compté.

La classe est attachée à la personne de l'employé.

L'avancement en grade aura lieu uniquement au choix.

Article 8. — Chaque année il sera dressé pour le 15 Novembre un tableau d'avancement par une commission composée, pour chaque section, du maire, président, ou d'un adjoint, de deux conseillers municipaux, désignés par le Conseil, à la première session qui suivra l'élection, du chef de service et d'un délégué de la section.

Ce tableau sera mis à la disposition du personnel, au secrétariat, du 15 Novembre au 1er Décembre, et tout employé, qui se croira lésé, pourra déposer une réclamation entre les mains du maire, avant le 20 Décembre. La Commission, réunie immédiatement, statuera aussitôt sur cette réclamation.

L'avancement à l'ancienneté ne produira son effet qu'à partir du premier du mois qui suivra l'expiration de la période quinquennale.

Article 9. — En cas de suppression d'emploi dans la première ou la deuxième catégorie, les titulaires seront, autant que possible, répartis dans d'autres services, avec situation égale.

Au cas où l'administration serait dans l'impossibilité de les prendre dans un autre service, ils auront droit à une indemnité de six mois de traitement.

Cette indemnité serait réduite à 1/2, s'ils avaient droit à une retraite proportionnelle et il ne leur serait dû aucune indemnité, s'ils réunissaient les conditions pour l'obtention de la retraite.

Titre III

Traitements — Admission à la Retraite

Article 10. — Les traitements seront conformes au tableau annexé au présent règlement.

Article 11. — Les employés municipaux seront mis d'office à la retraite à l'âge de 65 ans.

L'âge fixé pour la retraite sera augmenté pour tout mobilisé pendant la guerre franco-allemande, d'un temps égal à celui de sa mobilisation.

La limite d'âge sera toutefois reculée jusqu'à 70 ans, pour le Secrétaire en chef, l'architecte Municipal et le Receveur Municipal.

Titre IV

Réglement intérieur — Organisation du Travail
Garanties et Obligations des Employés
Congés — Maladies

Article 12. — Les services sont placés sous la surveillance du Secrétaire en chef en tant qu'exécution des décisions de l'administration.

Chaque Chef de service est néanmoins responsable à

l'égard de l'administration du bon fonctionnement de ses services.

Article 13. — Des règlements spéciaux seront établis pour chaque service, s'ils n'existent déjà, de façon à en assurer le bon fonctionnement.

Article 14. — Dans leurs rapports avec le public, les employés devront toujours se montrer très corrects et courtois.

Article 15. — Aucun employé ne pourra être inquiété pour ses opinions politiques ou religieuses.

Article 16. — Chaque employé a droit dans l'année à un congé de 15 jours, en dehors des dimanches et fêtes.

Ce congé sera pris en une ou plusieurs fois selon les besoins du service et d'après le roulement établi par le chef de service.

En dehors du service, toute demande d'absence doit être justifiée.

Article 17. — Tout employé qui tombe malade doit faire prévenir immédiatement son chef de service et justifier de son absence par la production d'un certificat médical.

Il conservera pendant les six premiers mois l'intégralité de son traitement avec les accessoires, pendant les six mois qui suivront, il conservera la moitié de son traitement ; si à l'expiration de cette année, il est reconnu incurable, il sera licencié ou mis à la retraite, s'il y a droit, ou bien son remplacement sera demandé si sa nomination dépend de l'autorité supérieure.

Si l'affection de l'employé est reconnue curable, il pourra être mis en congé, sans traitement, pour une période qui ne pourra excéder 3 ans. S'il ne peut reprendre son service à l'expiration de cette période il sera licencié.

Des employés qui compteront 30 jours de maladie non

consécutifs pourront être privés de la moitié de leur congé annuel. Ceux qui compteront 60 jours pourront être privés de la totalité.

Titre V

Discipline

Article 18. — Chaque employé doit remplir ses fonctions avec zèle, ponctualité et dévouement et se conformer strictement aux lois, réglements et instructions qui peuvent régir sa partie.

Ils sont tenus d'exécuter les ordres émanant de leurs supérieurs hiérarchiques.

Article 19. — Les infractions et les fautes commises peuvent donner lieu aux peines disciplinaires suivantes :

1° L'avertissement ;

2° La réprimande ;

3° La privation partielle de congé ne pouvant excéder cinq jours ;

4° L'exclusion temporaire du tableau d'avancement ;

5° La suspension avec privation de traitement ;

6° La rétrogradation ;

7° La révocation.

Les deux premières mesures seront prononcées par le chef de service ou par le Maire. La réprimande par le Maire emportera inscription au dossier.

Si le Maire juge ces deux premières mesures insuffisantes, il pourra traduire l'employé coupable devant un conseil de discipline.

Ce conseil de discipline comprendra :

1° Un conseiller municipal, président, deux conseillers municipaux élus par le Conseil dans les mêmes conditions que pour le conseil d'avancement.

2º Deux employés de la catégorie de celui déféré au conseil, sans qu'ils puisssent lui être inférieur en grade, l'un d'eux au moins étant de grade égal. La désignation sera faite par les employés de même catégorie, de grade égal ou supérieur à l'intéressé, réunis à cet effet par le Secrétaire en chef, ou à son défaut, par l'employé de la première série le plus anciennement en fonction.

Le dossier individuel de l'employé intéressé sera produit au conseil, ainsi qu'un rapport écrit du maire ou de son chef de service concernant les faits.

Le conseil entendra obligatoirement l'intéressé qui pourra se faire assister d'un avocat. Il entendra le maire ou le chef immédiat et toutes les personnes qu'il croira devoir convoquer.

L'employé devra être convoqué huit jours avant la réunion du conseil pour préparer sa défense. Si après avoir été dûment convoqué sans avoir fourni d'excuse reconnue valable, l'employé ne comparaît pas, il sera procédé régulièrement hors sa présence.

Les délibérations du conseil ne seront valables que si les cinq membres sont présents. Elles seront prises au scrutin secret, à la majorité des voix. Elles seront transcrites sur un registre spécial.

Sur le vu de l'avis motivé par le conseil de discipline. le Maire prend une décision et prononce la peine. La décision du conseil ne peut être modifiée par lui que dans un sens favorable à l'employé.

En cas de faute grave, le Maire aura toujours le droit de suspendre immédiatrment un employé, sauf à le déférer dans les 15 jours devant le conseil de discipline.

OBSERVATION :

En ce qui concerne les employés d'octroi, la peine e rétrogradation et la révocation sont prononcées par le préfet, sur avis du conseil de discipline, sur proposition du Maire ou de l'administration des contributions indirectes.

Pour les agents de police, le droit de révocation est réservé au Préfet, dont la décision ne sera pas soumise à la condition d'avis ou de proposition préalables.

Article 20. — Un dossier individuel sera établi pour chaque employé.

Ce dossier comprendra tous les renseignements concernant l'employé : Etat-civil — Situation de famille — Service Militaire.

Il comprendra en outre les notes de ses chefs et toutes les pièces relatives aux propositions d'avancement et punitions encourues.

Chaque employé aura le droit d'avoir communication personnelle et confidentielle de son dossier, conformément à l'article 65 de la loi du 22 avril 1905.

Titre VI

Dispositions transitoires

Article 21. — L'ancienneté est acquise à tous les employés à compter du 1er Janvier 1920, avec droit au traitement figurant au tableau, à compter de cette époque et sans que les traitements puissent être ramenés à un taux inférieur.

Les employés comptant 26 ans de service passeront de droit à la hors classe. Ceux comptant trente et un an de service passeront de droit à la classe exceptionnelle.

En conséquence, le contrôle des employés de la première catégorie sera dressé conformément à cette disposition par le Maire dans le mois où le présent règlement deviendra applicable à la suite de l'approbation préfectorale.

Toute réclamation sera soumise à la commission d'avancement, qui statuera dans les formes prescrites par l'article 8.

Les employés en fonctions actuellement pourront, malgré la limite d'âge fixée pour la retraite, compléter les années de service qui leur seraient néceseaires pour l'obtention de la pension de retraite.

Les limites d'âge établies à l'article 11 ne s'appliqueront pas aux employés qui dès maintenant les auraient atteintes.

Article 22. — Toutes dispositions contraires au présent réglement sont abrogées.

Toute situation non prévue sera l'objet d'un arrêté du Maire.

TABLEAU des TRAITEMENTS (ART. 10)

Première Section

Quatrième Classe	6.000 francs
Troisième Classe	6.500 —
Deuxième Classe	7.500 —
Première Classe	8.000 —
Hors Classe	8.500 —

Le traitement de l'architecte municipal sera fixé au Budget et celui du receveur municipal suivant les règles établies.

Deuxième Section

Stagiaires	4.000 francs
Quatrième Classe	4.400 —
Troisième Classe	4.700 —
Deuxième Classe	5.000 —
Première Classe	5.300 —
Hors Classe	5.600 —
Classe exceptionnelle	6.000 —

Troisième Section

Stagiaires	3.800 francs
Quatrième Classe	4.000 —
Troisième Classe	4.200 —
Deuxième Classe	4.500 —
Première Classe	4.800 —
Hors Classe	5.100 —
Classe exceptionnelle	5.500 —

Quatrième Section

Stagiaires	3.200 francs
Quatrième Classe	3.400 —
Troisième Classe	3.600 —
Deuxième Classe	3.800 —
Première Classe	4.000 —
Hors Classe	4.200 —
Classe exceptionnelle	4.500 —

Le logement fourni par la ville sera décompté aux employés logés conformément aux dispositions de l'article 3 du règlement de la caisse des retraites.

Il sera alloué à chaque employé par enfant de moins de 15 ans une indemnité annuelle de 150 francs pour les deux premiers enfants ; de 200 francs pour le troisième et le quatrième ; de 250 francs pour chacun des enfants suivants.

Il sera alloué au concierge de la Mairie et à chaque agent de police une indemnité de 150 francs par an pour l'entretien de son uniforme fourni, une fois pour toutes, par la ville.

Il sera alloué une indemnité de 15 francs par an aux cantonniers pour l'entretien de leur casquette fournie, une fois pour toutes, par la ville.

DISPOSITIONS ANNEXES

AUX STATUTS

DU PERSONNEL MUNICIPAL

ET CONCERNANT

le Service de l'Octroi

Article 1ᵉʳ. — Toutes les dispositions fixant l'organisation des services Municipaux et le statut du personnel sont applicables aux employés de l'octroi autant qu'il n'y est pas dérogé par les articles suivants.

Article 2. — En dehors du préposé en chef le personnel de l'octroi comprend :

1 Brigadier Contrôleur.

1 Receveur central.

10 Receveurs titulaires.

7 Ambulants.

Article 3. — Les conditions de stage et d'admission prévues au statut du personnel municipal sont applicables au personnel de l'octroi à l'exception du préposé en chef qui est recruté dans des conditions spéciales.

Le stage s'accomplit en qualité de surnuméraire.

Le surnuméraire est nommé par arrêté préfectoral.

Article 4. — L'emploi de Brigadier comportera trois classes : deuxième, première et hors classe.

Les emplois d'Ambulants et de Receveurs en comporteront quatre : troisième, deuxième, première et hors classe. Chaque classe sera divisée en deux échelons pour les Receveurs seulement.

Pour les Receveurs, la classe est attachée au bureau auquel ils appartiennent.

Ces bureaux sont divisés de la manière suivante :

Première Classe
- Bureau de la Gare, Recette Centrale.
- Saint-Lô.
- Caen.
- Pont-Trubert.

Deuxième Classe
- Littry, y compris la bascule.
- Vaucelles.
- Port.

Troisième Classe
- Coin Ménard.
- Aprigny.
- Croix-Rouge.
- Argouges.

Article 5. — L'avancement en classe pour les brigadiers et ambulants se fait tous les 4 ans, au choix, et tous les 5 ans, automatiquement, à l'ancienneté.

Pour les receveurs, il aura lieu par échelon, dans leur classe également, dans les même conditions.

Il est constitué une hors classe pour les receveurs, qui sera donnée, au choix, aux receveurs de première classe ayant plus de 20 ans de service. La hors classe pour les brigadiers et les ambulants sera donnée au choix.

Article 6. — L'avancement en grade pour les ambulants et en classe pour les receveurs, n'a lieu qu'en cas de vacance ou de création d'emploi, il se fait toujours au choix.

Article 7. — Si l'intérêt du service l'exige, ou encore pour convenances personnelles, les agents de tous grades pourront être nommés à un autre emploi comportant, au moins, même traitement.

Article 8. — Tous les droits de l'administration supérieure, en fait de mutations, demeurent réservés et toute promotion ou nomination ne seront valables et définitives qu'après arrêté de l'autorité compétente.

Article 9. — Les jours de repos et congés seront fixés par roulement, par le préposé en chef, selon les besoins du service, de façon à ce que chaque agent en obtienne 67 dans l'année.

Article 10. — Le dossier individuel de chaque employé restera au bureau du préposé en chef.

Article 11. — Les traitements seront conformes au tableau annexé au présent règlement. Ces traitements englobent toutes les indemnités actuellement données au personnel : vie chère, terrage et indemnité de jardin.

Article 12. — Les dispositions transitoires prévues sous l'article 21 du règlement municipal sont applicables aux agents de l'octroi en tant qu'elles peuvent s'allier avec les dispositions des articles 4, 5 et 6 du présent règlement annexe.

Tout employé classé de première classe d'après son ancienneté actuelle passera de droit dans la classe hors rang, s'il a actuellement plus de 5 ans de services dans le premier échelon de sa classe.

TABLEAU des TRAITEMENTS

ATTRIBUÉS AU PERSONNEL DE L'OCTROI

à compter du 1ᵉʳ Janvier 1920

Surnuméraires		. . . .	3.400 f.
Ambulants	Troisième Classe	. . . .	3.600
	Deuxième Classe	. . . .	3.900
	Première Classe	. . . .	4.300
	Hors Classe	. . . . . .	4.500
Receveurs	Troisième Classe	Deuxième échelon .	2.400
		Premier échelon . .	2.600
	Deuxième Classe	Deuxième échelon .	3.800
		Premier échelon . .	4.000
	Première Classe	Deuxième échelon .	4.200
		Premier échelon . .	4.400
	Hors Classe	Deuxième échelon .	4.600
		Premier échelon .	4.800
Brigadier	Deuxième Classe	. . . .	4.800
	Première Classe	. . . .	5.000
	Hors Classe	. . . . .	5.200

A l'exception des bureaux de 3ᵉ classe, dont les receveurs sont autorisés à exercer leur métier dans le bureau même de l'octroi, les receveurs des autres bureaux devront tout leur temps à l'administration.

Le logement fourni par la Ville sera décompté aux employés logés conformément aux dispositions de l'article 1ᵉʳ du règlement de la caisse des retraites des employés de l'octroi.

Il sera alloué à chaque employé, par enfant de moins de 15 ans, une indemnité annuelle de 150 francs pour les deux premiers enfants, 200 francs pour les 3e et 4e, 250 francs pour chacun des enfants suivants.

Il sera alloué à chaque employé une indemnité de 15 francs par an pour l'entretien de leur casquette, fournie, une fois pour toutes, par la Ville.

Il sera alloué au brigadier et aux ambulants une somme de 100 francs pour l'entretien d'un caoutchouc ou vêtement imperméable fourni, une fois pour toutes, par la Ville.

Arrêté par le Conseil Municipal, dans sa séance du 11 Février 1920.

Vu et approuvé,

Caen, le 8 Mars 1920.

Pour le Préfet du Calvados,

Le Secrétaire Général délégué,

Signé : DE FÉVELAS.

Pour copie conforme,

Le Maire de Bayeux,

ERNULT.

Typ. G. Colas, rue Royale — Bayeux